SUCCESSION

DE

M. LE COMTE DE CHAUDORDY

ANCIEN AMBASSADEUR

SUCCESSION

DE

M. LE COMTE DE CHAUDORDY

ANCIEN AMBASSADEUR

CONDITIONS DE LA VENTE

Elle sera faite au comptant.

Les acquéreurs paieront *dix pour cent* en sus des prix d'adjudication.

L'exposition mettant le public à même de se rendre compte de l'état et de la nature des objets, il ne sera admis aucune réclamation une fois l'adjudication prononcée.

ORDRE DES VACATIONS

LUNDI 20 AVRIL 1903. (SALLES N°s 5 ET 6). — Tableaux, dessins, gravures, miniatures, éventails, objets divers (partie).

MARDI 21 AVRIL 1903. (SALLES N°s 5 ET 6). — Faïences, porcelaines, bronzes d'art et d'ameublement et pendules (partie).

MERCREDI 22 AVRIL 1903. (SALLES N°s 5 ET 6). — Bronzes d'art et d'ameublement (partie). Meubles, sièges, tapisseries.

JEUDI 23 AVRIL 1903. (SALLE N° 5). — Restant des objets divers, bronzes, étoffes, tapis, mobilier moderne, etc.

SUCCESSION DE M. LE COMTE DE CHAUDORDY

ANCIEN AMBASSADEUR

IMPORTANT MOBILIER

ANCIEN ET MODERNE

TABLEAUX, DESSINS, MINIATURES
Gravures, Éventails
Nombreuses porcelaines de Saxe, Sèvres
et autres faïences anciennes

BRONZES D'ART et D'AMEUBLEMENT, PENDULES
Beaux candélabres du temps de l'Empire
Nombreux sièges anciens
Secrétaires, Commodes, Bureaux, Lits anciens

PLUSIEURS MEUBLES DE SALON
en tapisserie ancienne

BELLE TAPISSERIE DES GOBELINS

DE LA SUITE DES *MOIS DE LUCAS*

DEUX SÉRIES DE BELLES TAPISSERIES DES FLANDRES
Étoffes anciennes, Tapis, Tentures
Objets divers

DONT LA VENTE AURA LIEU A PARIS

HOTEL DROUOT, SALLES N°s 5 et 6 réunies

Les Lundi 20, Mardi 21, Mercredi 22 Avril 1903
et le Jeudi 23 Avril 1903, Salle n° 5
A DEUX HEURES

COMMISSAIRE-PRISEUR	EXPERTS
Me TERNISIEN	**MM. PAULME et B. LASQUIN Fils**
10, rue de Chantilly	10, rue Chauchat — 12, rue Laffitte

EXPOSITIONS

PARTICULIÈRE : *le Samedi 18 Avril 1903, Salles 5 et 6 de 1 h. 1/2 à 5 h. 1/2*
PUBLIQUE : *le Dimanche 19 Avril 1903.* — —

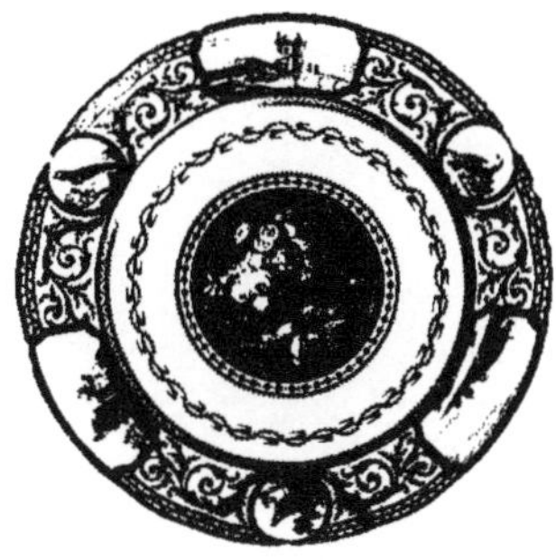

135

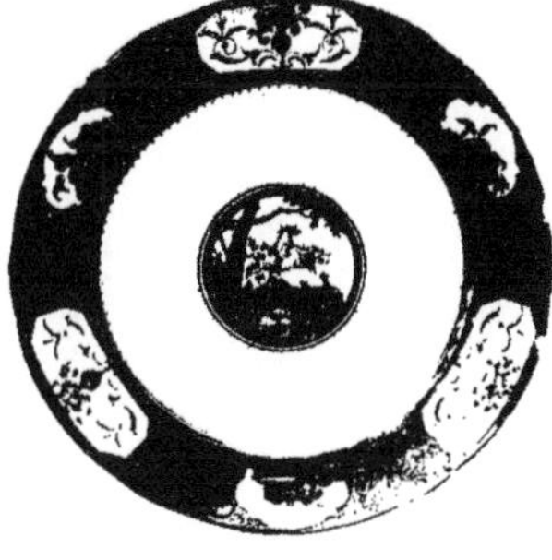

134

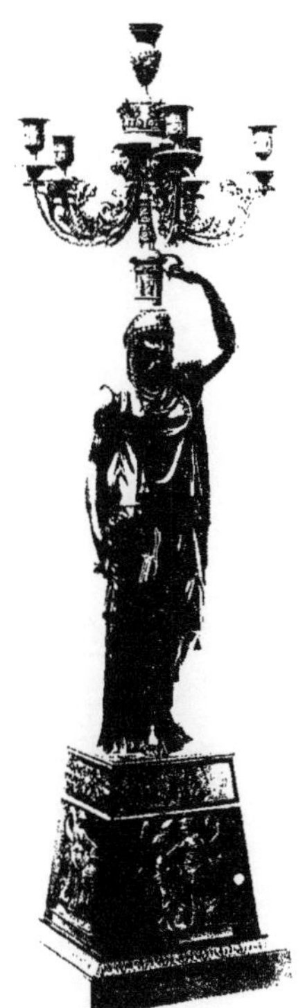

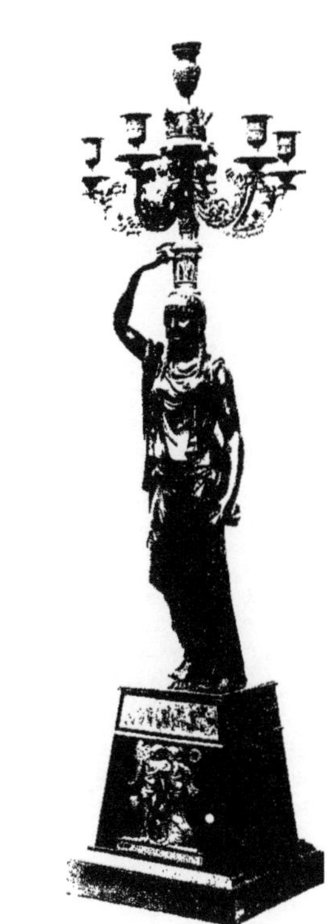

200

Phototypie Berthaud, Paris.

DÉSIGNATION

TABLEAUX ANCIENS ET MODERNES

ATALAYA

1\. — Hallebardier.

Toile.

BOUCHER (D'après)

2\. — *Amphitrite.*

Peinture sur bois, de forme ovale.

BRACKENBURG (D'après)

3\. — Combat de cavaliers.

Cadre bois sculpté.

CHARLIER

4\. — Baigneuses.

Deux gouaches faisant pendants.

CUYP (Genre de)

5\. — Deux vaches à l'étable.

GREUZE (D'après)

6. — Portrait de jeune garçon.

GREUZE (Genre de)

7. — Portraits de jeunes femmes faisant pendants.

Cadres en bois sculpté.

HEEM (Genre de)

8. — Nature morte, fruits.

JEAURAT (Attribué à)

9. — Le Marchand de légumes.

MONSIGNY (Jules)

10. — Poulailler.

MORERA

11. — Vue de Naples.

Bois.

PALAMÈDES (attribué à)

12. — Portrait d'homme.

REMBRANDT (D'après)

13. — Portrait d'homme.

SPANDONCK (VAN)

14. — Bouquet de fleurs sur une console.

Bois.

TÉNIERS (DAVID)

15. — Joueurs de boules.

Panneau signé au bas, à gauche.

THORIN

16. — Femme et enfant.

VAN DER NEER (Genre de)

17. — Marine.

VAN DYCK (Genre de)

18. — Portrait d'homme et enfant.

Copie du tableau du Louvre.

VAN KENNEL

19. — Femmes au cabaret.

Signé et daté 1880.

JOSEPH VERNET (Genre de)

20. — *Marine*, pêcheurs et rochers.

21. — Marine et rochers.

ÉCOLE FRANÇAISE

22. — Portrait de fillette tenant un oiseau.

23. — Portrait d'homme à collerette.

24. — Chasseurs dans un paysage.

25. — Paysage avec personnages.

26. — Tableau de fleurs (inachevé).

27. — Portrait de Louis XIV en cuirasse.
Toile ovale.

ÉCOLE HOLLANDAISE

28. — Chemin creux.

29. — Marine.

30. — Figures dans un palais.

31. — Petit portrait d'homme.

32. — Vieillard en buste.

33. — Nature morte. Poissons.
Toile.

34. — Canard.

ÉCOLE ITALIENNE

35. — Sujet biblique.

36. — Supplice d'une sainte.

37. — Petit portrait sur cuivre.
Portrait d'homme, de forme ovale, cadre en bois sculpté.

38. — Vierge et Jésus.
Petite peinture sur cuivre.

DESSINS ET GRAVURES

COCHIN (Ch.)

39. — La Cène et la procession.

2 dessins à la sanguine.
L'un des deux est signé et daté 1772.

FRAGONARD (Genre de)

40. — Grand dessin à la sépia.

HUBERT

41. — Paysage.

Dessin à la sépia.
Signé Hubert, 1820.

ÉCOLE FRANÇAISE

42. — Grand dessin au trait, scène de l'histoire ancienne.

43. — Neuf cadres contenant dix-sept vues de Rome et de Pompéi.

44. — Une aquarelle, vue de Suisse.

FREUDEBERG (D'après)

45. — La *Confiance enfantine*, gravure en couleurs par Janinet.

QUEVERDO (D'après)

46. — Le *Bouquet galant*, par Dambrun.

Gravure coloriée.

47. — Deux gravures d'après Baudouin, en noir.

48. — Diane et ses nymphes, par Legrand.

Gravure en couleurs.

49. — Un lot de vignettes anciennes pour illustrations.

50. — Plusieurs copies de gravures en couleurs du XVIIIe siècle.

MINIATURES

51. — Une boîte ronde avec une miniature. Louis XVI; portrait de femme.

52. — Miniature de l'époque Louis XVI; portrait de femme.

53. — Portrait d'un cardinal.
Miniature, cadre en bronze doré.

54. — Petite miniature ancienne dans son étui en galuchat.

55. — Miniature sur papier d'après Andrea del Sarto, cadre Louis XIII, en ébène garni de clous en cuivre.

56. — Miniature sur vélin, Diane et Callisto.

FAIENCES ET PORCELAINES

57. — Petit plat en faïence.

58. — Plateau en ancienne faïence blanche, décor à filets d'or.

59. — Deux chèvres en faïence de Delft décorées au naturel.

60. — Paire de lions en ancienne faïence de Rouen.

61. — Vase en forme de cassolette à trépied en ancienne faïence italienne.

62. — Un vase rouleau en ancienne porcelaine de Chine décor à personnages dans un paysage.

63. — Un plat en ancienne porcelaine de Chine.

64. — Une tasse à couvercle en ancienne porcelaine de Chine décorée de fleurs.

65. — Deux petits flacons en porcelaine de Chine.

66. — Un groupe de deux magots en ancienne porcelaine de Chine.

67. — Saucière en forme de coquille avec son couvercle et son plateau, en ancienne porcelaine de l'Inde, décor polychrome.

68. — Deux flacons de forme carrée, en ancienne porcelaine du Japon à décor polychrome d'arbustes et feuillages.

69. — Crachoir en ancienne porcelaine du Japon.

70. — Deux chiens de Fô, en biscuit émaillé bleu turquoise.

71. — Petit vase de forme ovoïde en ancienne porcelaine du Japon, monture en argent.

72. — Un plat en porcelaine de Chine et un plat en porcelaine du Japon.

73. — Trois plats et sept assiettes en ancienne porcelaine de Chine, du Japon et de l'Inde.

74. — Quatre petites tasses à café en porcelaine avec trois soucoupes en métal repoussé.

75. — Un porte-montre avec figurine de la Justice en vieux Saxe; terrasse et feuillage en bronze doré Louis XV, orné de fleurs en Saxe.

76. — Deux groupes figurines en porcelaine allemande dans des bosquets fleuris sur terrasses en rocailles.

77. — Paire de girandoles à deux lumières de l'époque Louis XV en bronze ciselé et doré avec figurines de fleurs en Saxe. *Joueuse de vielle et joueur de cornemuse.*

78. — Cinq assiettes creuses en ancienne porcelaine de Saxe: marli en vannerie, décor polychrome au dragon.

79. — Coupe ovale imitant la vannerie à deux anses et mascarons, en ancienne porcelaine de Saxe, décorée à l'intérieur dans le style coréen.

80. — Coupe imitant la vannerie en porcelaine de Saxe, décorée à l'intérieur de bouquets de fleurs. Monture en bronze.

81. — Un cache-pot en ancienne porcelaine de Saxe, époque Louis XV, à décor de bouquets de fleurs.

82. — Un autre cache-pot en Saxe moderne.

83. — Tasse et sa soucoupe en ancienne porcelaine de Saxe.

84. — Deux groupes en porcelaine de Saxe. *la cueillette des pommes et des cerises.*

85. — Deux figurines de *porteurs* en ancienne porcelaine de Saxe de même modèle mais de décors différents.

86. — Figurine de personnage debout en porcelaine de Saxe.

87. — Figurine de *Flore* en ancienne porcelaine de Saxe.

88. — Un étui en forme de chien en porcelaine décorée au naturel.

89. — Petit flacon en ancienne porcelaine, formé d'un enfant à la chèvre.

90. — Oiseau décoré au naturel en porcelaine de Saxe.

91. — Groupe de deux perroquets sur arbuste, décorés au naturel en porcelaine de Saxe.

92. — Deux figurines d'amours près d'une colonne en porcelaine de Saxe.

93. — Dix petites figurines en porcelaine de Saxe.

94. — Groupe de deux enfants en porcelaine genre Saxe.

95. — Groupe en biscuit émaillé genre Saxe. *Le Temps et l'Amour.*

96. — Grand groupe de six personnages en porcelaine genre Saxe.

97. — Petite cafetière en ancienne porcelaine à décor genre Saxe.

98. — Deux petits vases en porcelaine genre Saxe.

99. — Deux légumiers en forme de vases aplatis avec leurs couvercles et anses à mufles de lion, décor polychrome à fleurs et bordure à fond d'or en ancienne porcelaine de Louisbourg.

100. — Figurine de *vendangeur* en ancienne porcelaine de Louisbourg.

101. — Figurine d'homme avec manchon en ancienne porcelaine allemande.

102. — Deux petits groupes, vaches sur fonds de fleurs, en ancienne porcelaine allemande.

103. — Écuelle avec son plateau en forme de chou, décoré au naturel. Porcelaine allemande.

104. — Une statuette, joueur de guitare, en porcelaine allemande.

105. — Vase à piédouche avec son couvercle en ancienne porcelaine de Frankental, décoré de têtes de béliers et guirlandes de raisins en relief, médaillons et attributs peints.

106. — *Enfant au crocodile* en ancienne porcelaine de Mayence.

107. — Une petite tasse en porcelaine de Vienne.

108. — Petite tasse droite en ancienne porcelaine tendre de Mennecy. (?)

109. — Trois couteaux et six fourchettes en ancienne porcelaine tendre de Saint-Cloud, décor bleu.

110. — Petit vase cylindrique avec couvercle en ancienne porcelaine tendre de Tournay.

111. — Un petit vase ovoïde en porcelaine tendre, à décor polychrome.

112. — Petit pot à crème en ancienne porcelaine tendre, à décor de fleurs.

113. — Tasse en ancienne porcelaine tendre, décorée de personnage en camaïeu.

114. — Deux plateaux en ancienne porcelaine pâte tendre.

115. — Deux beurriers en porcelaine de Sèvres, à décor d'or.

116. — Un sucrier et une tasse avec sa soucoupe même porcelaine et même décor.

117. — Tasse et soucoupe en porcelaine de Sèvres pâte tendre, décor à médaillons d'oiseaux en réserve sur fond bleu turquoise.

118. — Deux tasses à deux anses avec leurs soucoupes en porcelaine de Sèvres.

119. — Coquetier à deux anses en ancienne porcelaine tendre de Sèvre à bordure dorée.

120. — Tasse et soucoupe en porcelaine de Sèvres pâte tendre, bordure bleue et feuillages.

121. — Tasse droite en ancienne porcelaine tendre de Sèvres décorée de bouquets en camaïeu bleu.

122. — Petit pot à crème en ancienne porcelaine tendre de Sèvres à décor de bouquets de fleurs.

123. — Tasse et sa soucoupe en ancienne porcelaine de Sèvres pâte tendre, à décor de bouquets de fleurs en réserve sur fond gros bleu.

124. — Tasse et sa soucoupe en ancienne porcelaine de Sèvres pâte tendre à décor de médaillons à bouquets de fleurs et fond gros bleu.

125. — Deux petits vases de forme Médicis en ancienne porcelaine de Sèvres pâte tendre.

126. — Un sucrier et une tasse avec sa soucoupe en ancienne porcelaine de Sèvres pâte tendre à décor de vases de fleurs et or sur fond gros bleu.

127. — Un coquetier à anse en ancienne porcelaine de Sèvres pâte tendre à décor de vases et guirlandes de fleurs.

128. — Petit coquetier en ancienne porcelaine tendre de Sèvres, décor à fleurs et dorure sur bordure bleue.

129. — Compotier en ancienne porcelaine tendre de Sèvres, décoré d'oiseaux au fond. Le marli est vermicellé d'or sur fond gros bleu.

130. — Douze assiettes en ancienne porcelaine tendre de Sèvres décorées au centre d'un médaillon avec oiseau et et au marli d'un rinceau de fleurs entre deux bordures bleues.

131. — Deux compotiers ronds en ancienne porcelaine tendre de Sèvres, décorés au marli de bouquets de fleurs en médaillons, entre deux bordures bleues.

132. — Deux compotiers forme carrée, en ancienne porcelaine tendre de Sèvres.

133. — Six petits pots à crème avec leur couvercles, en ancienne porcelaine de Sèvres, décor à bouquets de fleurs et feuilles de choux.

134. — Une assiette en ancienne porcelaine de Sèvres pâte tendre décorée au centre d'un médaillon nature morte : *brioche, flacon, gobelet dans un paysage*. Le marli offre six réserves sur fond violet dont trois natures mortes et trois vases et arabesques ; le tout enguirlandé d'ornements dorés.

Marque M. M.

135. — Assiette en ancienne porcelaine de Sèvres pâte tendre, offrant au centre un médaillon circulaire représentant une nature morte, *fleurs, fruits, gibier*. Le marli divisé en six compartiments à réserve sur fond bleu avec rinceaux d'or, trois de ces compartiments sont des paysages et les trois autres des animaux. Au dos de l'assiette se trouve la désignation des paysages et animaux.

136. — Quatre compotiers en ancienne porcelaine tendre de Sèvres de forme carrée a coins arrondis décorés au centre

de bouquets de roses, bordure bleue ornée de bouquets de fleurs.

137. — Deux compotiers carrés à coins arrondis en ancienne porcelaine tendre de Sèvres, décorés au marli de bouquets de fleurs dans des médaillons entre deux bordures bleues, au centre chiffres MP entrelacés.

138. — Deux plateaux de forme ovale en ancienne porcelaine tendre de Sèvres à décor de bouquets de fleurs, double bande bleue et chiffres MP entrelacés.

139. — Assiette creuse en ancienne porcelaine tendre de Sèvres à décors de fleurs camaïeu rose.

140. — Verrière en ancienne porcelaine tendre de Sèvres, décor à la feuille de chou avec bouquets de fleurs et attributs.

141. — Paire de vases tulipes en ancienne porcelaine de Sèvres pâte tendre, décor de fleurs.

142. — Petit plateau en ancienne porcelaine de Sèvres, décor de fleurs en camaïeu bleu.

143. — Bouillon avec son plateau en ancienne porcelaine tendre de Sèvres, à décor de médaillons en réserve avec oiseaux en or sur fond gros bleu.

144. — Paire de vases de forme Médicis en porcelaine de Sèvres à décor de paysage en réserve sur fond vert, *monture en bronze doré du temps de l'Empire.*

145. — Rafraîchissoir avec son couvercle en porcelaine genre Sèvres.

146. — Tasse droite et sa soucoupe en porcelaine genre Sèvres à fond rose.

147. — Salière trilobée en porcelaine tendre genre Sèvres, décor à fleurs sur fond bleu turquoise.

148. — Une assiette ajourée décor polychrome.

149. — Petite fromagère en ancienne porcelaine décorée de fleurs de lys d'or.

150. — Une boîte en porcelaine.

151. — Tête de femme vue de profil en biscuit.

152. — Cinq figures en biscuit.

153. — Deux petites figurines en porcelaine.

154. — Écuelle avec son couvercle en porcelaine décor rose.

155. — Grand plat décoré d'une peinture dans le genre d'*Alfred de Dreux*.

156. — Un lot de porcelaines diverses.

BRONZES D'ART ET D'AMEUBLEMENT

PENDULES

157. — Un vase en bronze du Japon, à large col, et à deux anses.

158. — Un petit fragment de bronze antique, tête d'enfant.

159. — Taureau en bronze patiné sur socle en bois. (*XVIe siècle.*)

160. — Taureau en bronze patiné sur socle en marbre.

161. — Un groupe en bronze. *Bacchus et Ariane*.

162. — Cavalier en bronze patiné, en quatre pièces.

163. — Statuette en bronze doré, représentant l'*Aurore*. (*XVIIIe siècle.*)

164. — Tête d'enfant en bronze.

165. — Deux statuettes en bronze doré, sur socle en bois.

166. — Une statuette en bronze. Danseuse.

167. — Une statuette en bronze. Femme dansant.

168. — Statuette de Mercure en bronze, sur socle en marbre.

169. — Deux petites figurines en bronze. *Vénus et Hercule.*

170. — Figurine de femme s'appuyant sur un dauphin, en bronze patiné, de l'époque Louis XIV.

171. — Trois petits amours en bronze doré, sur socles en marbre, du XVIIe siècle.

172. — Petite figurine d'amour en bronze ciselé et doré, sur socle en matière dure.

173. — Petite statuette en bronze, sur socle en marbre jaune.

174. — Statuette d'homme en bronze patiné, socle en bois.

175. — Presse-papier formé d'une levrette assise sur marbre de Sienne.

176. — Statuette de femme en bronze doré. Époque Empire.

177. — Bronzes. *Enfants jouant.*

178. — Buste de *Cléopâtre* en bronze, d'après *Clésinger*. Fondu par *Marnhyac*.

179. — Buste d'*Alsacienne* en bronze patiné.

180. — Une paire de flambeaux, de l'époque Louis XIV en bronze.

181. — Paire de flambeaux de style Louis XV en bronze argenté.

182. — Paire de flambeaux de style Louis XV en bronze ciselé et doré, de chez *Dasson*.

183. — Paire de flambeaux de style Louis XV en bronze argenté.

184. — Paire de flambeaux Louis XVI en bronze ciselé et doré.

185. — Paire de petits flambeaux Louis XVI formés de deux enfants en bronze patiné, supportant une lumière et reposant sur des socles en marbre blanc, ornés de bronze doré.

186. — Paire de flambeaux de l'époque Louis XVI formés de deux figurines en bronze patiné, supportant une lumière et reposant sur des socles en marbre blanc ornés de bronzes dorés.

187. — Paire de cassolettes Louis XVI en porcelaine, monture en bronze doré.

188. — Paire de flambeaux de style Louis XVI sur socle en biscuit de Wegdwood.

189. — Paire de flambeaux Empire en bronze doré.

190. — Deux chenets rocaille avec figures d'enfants.

191. — Paire de chenets rocaille en bronze.

192. — Paire de chenets Louis XVI en bronze : vases et lévriers.

193. — Paire de girandoles de l'époque Louis XV à trois lumières, en bronze.

194. — Paire d'appliques Louis XV à deux lumières en bronze.

195. — Paire d'appliques à trois lumières de style Louis XV en bronze ciselé et doré.

196. — Deux paires d'appliques à cinq lumières de style Louis XV en bronze ciselé et doré, sujets d'enfants entourés de rocailles.

197. — Paires d'appliques Louis XVI à deux lumières en bronze ciselé et doré.

198. — Paires d'appliques Louis XVI à trois lumières en bois sculpté et doré.

199. — Quatre appliques en bronze ciselé et doré du temps de Louis XVI à sujets d'enfants.

200. — DEUX CANDÉLABRES monumentaux, formés de deux figures en bronze patiné, supportant des bouquets à six lumières en bronze ciselé et doré, reposant sur des socles en bronze patiné, avec appliques de bronze doré. *Époque Empire.*

Pièces remarquables.
Hauteur : $1^{m},35$.

201. — Deux candélabres formés d'une statuette en bronze patiné, portant un bouquet à cinq lumières en bronze ciselé et doré et reposant sur socle en bronze ciselé et doré. *Époque Empire.*

Hauteur $0^{m},70$.

202. — Deux appliques en bronze ciselé et doré époque Empire.

203. — Trois appliques de meuble en bronze de l'époque Empire.

204. — Statuette en bronze doré provenant d'une pendule; époque Louis XVI.

205. — Paire de vases en marbre, monture en bronze doré, de style Louis XVI.

206. — Deux petits plateaux en porphyre, monture à trépied Louis XVI, en bronze ciselé et doré.

207. — Grand lustre à vingt-quatre lumières en bronze garni de cristaux.

208. — Une pendule Louis XV en écaille, garnie de bronze.

209. — Cartel époque Louis XVI en bronze ciselé et doré.

210. — Petite pendule Louis XVI en marbre blanc et noir orné de bronzes dorés.

211. — Pendule Louis XVI à colonnes en marbre blanc et bronze ciselé et doré.

212. — Pendule Louis XVI en marbre blanc formé de quatre colonnettes avec applications de bronzes ciselés et dorés.

213. — Pendule Louis XVI en marbre blanc et bronzes dorés socle marbre bleu turquoise.

214. — Petite pendule Louis XVI en marbre blanc et bronzes dorés.

ÉVENTAILS

215. — Petit éventail en vernis Martin, à sujet mythologique.

216. — Éventail époque Louis XV gouache sur parchemin, sujet allégorique; monture en ivoire.

217. — Éventail du temps de Louis XV feuille peinte sur vélin, monture en ivoire.

218. — Éventail de l'époque Louis XV, gouache sur vélin, monture en ivoire.

219. — Un éventail de l'époque Louis XVI. La feuille est peinte sur soie à sujet de personnages dans des paysages; brodé à paillettes. Riche monture en ivoire découpé à sujets de personnages dorés à plusieurs ors.

220. — Un éventail ancien.

OBJETS DIVERS

221. — Petite boîte en laque d'or du Japon et une petite coupe en laque rouge.

222. — Petite boîte ovale piquée d'or.

223. — Bonbonnière ancienne en écaille et vernis Martin. dessus buste de femme doré.

224. — Tabatière en poudre d'écaille avec dessus formé d'une médaille.

225. — Tabatière en marbre caillouté à pans coupés, monture en cuivre doré.

226. — Un boîtier de montre en vernis Martin.

227. — Petit flacon ancien en émail de Battersea décoré de fleurs en relief.

228. — Boîte oiseaux en émail de Battersea.

229. — Un émail portrait d'évêque, époque Louis XIII.

230. — Émail représentant une Vierge.

231. — Un ancien émail de Limoges: la *Mise au tombeau*.

232. — Petit étui en écaille garni d'or de l'époque Louis XV.

233. — Cachet en agate, orné de pierres de couleurs sur cuivre émaillé.

234. — Petit reliquaire avec figure de Sainte, épingle à cheveux, un émail Sainte Famille avec un cadre de filigrane, un dessus de boîte en ancien émail de Saxe.

235. — Deux bas-reliefs en biscuit.

236. — Paysage, peinture sur verre.

237. — Une peinture sur verre.

238. — Médaillons en marbre dans un cercle en bronze doré.

239. — Étui nécessaire en émail époque Louis XV.

240. — Médaillon, Vénus en ambre, cadre Empire en bronze ciselé et doré.

241. — Deux médaillons en ivoire d'après l'antique, cadres Empire en bronze ciselé et doré.

242. — Applique en bronze ciselé et doré représentant deux personnages sur fond de velours.

243. — Statuette en ivoire, la *Piétà*. Travail espagnol XVIIe siècle.

244. — Deux statuettes en bois sculpté, personnages debout du XVIIe siècle.

245. — Socle en bois sculpté.

246. — Figure agenouillée de Sainte Femme, XVIe siècle.

247. — Figure agenouillée en bois sculpté.

248. — Un buste d'homme en bois peint.

249. — Trois fragments en bois sculpté, dont un doré.

250. — Un couronnement en bois sculpté de l'époque Louis XIV, têtes de chérubins dans des nuages.

251. — Deux supports en bois tors époque Louis XIII.

252. — Coffret en bois sculpté orné de plaques en métal repoussé.

253. — Écritoire formée d'un plateau en laque, monture en bronze doré avec trois godets en porcelaine.

254. — Deux coupes de forme Louis XV en argent.

255. — Une petite cuillère en argent, avec manche en forme de lézard.

256. Loupe avec monture en nacre et argent.

257. — Coupe-papier et porte-mine, manches en mosaïque de pierres dures, monture en argent doré.

258. — Boîte en argent repoussé de forme oblongue.

259. — Couteau à manche d'agate, monture et lame en argent doré.

260. — Montre solaire en cuivre gravé et ajouré Louis XIII.

261. — Douze corbeilles filigrane d'argent.

262. — Petit gobelet en argent filigrané, orné de pierres.

263. — Deux flambeaux Louis XVI en plaqué, fabrication anglaise.

264. — Paire de flambeaux Louis XV en argent.

265. — Deux flambeaux Louis XIV en argent.

266. — Deux flambeaux bas en argent. Époque Louis XIII.

267. — Mouchette et son plateau en argent de l'époque Louis XIII.

268. — Pied de flambeau en cuivre découpé et doré du XVIIe siècle (Espagne).

269. — Quatre tableaux en mosaïque de Florence : Fruits. Encadrement en marqueterie de cuivre et d'écaille genre Boule.

270. — Un camée profil de femme entouré d'un cercle en argent garni de strass.

271. — Agrafe de chape en cristal taillé, encadré de cuivre doré.

272. — Plaque bombée et gravée en jade vert.

273. — Monture de canne en fer damasquiné. Maison *Mellerio*.

274. — Fusil à piston en fer damasquiné.

275. — Un étui en fer damasquiné avec cachet : chiffres entrelacés.

276. — Un tire-bouchon en fer damasquiné.

277. — Une clef en fer.

278. — Un reliquaire cristal et argent.

279. — Un petit coffret en cuivre gravé Louis XIII, avec applique en fer.

280. — Un coffret de l'époque Louis XIII en marqueterie d'écaille, ébène et ivoire.

281. — Coffret de mariage formant cabinet en marqueterie d'écaille et d'os, époque Louis XIII.

282. — Un vidrecome en verre gravé et deux verres à pied gravés.

283. — Quatre flacons en cristal et couvercles en métal.

284. — Deux médaillons, vitraux suisses du XVIIe siècle.

285. — Fragment de vitrail, représentant le *crucifiement*.

286. — Fragment de vitrail du XVIe siècle.

287. — Un médaillon vitrail suisse du XVIe siècle, il porte la date 1582.

288. — Terre cuite ancienne, figure d'enfant sur socle avec bas-relief.

289. — Jeu de damier de l'époque Empire en marbre de couleurs.

290. — Deux colonnettes sur socles en malachite.

291. — Deux socles en bronze doré Louis XV.

292. — Deux socles en porphyre sur base en bronze doré.

293. — Un lot de plusieurs mortiers en porphyre.

294. — Cinq petites coupes, boutons et débris divers en agate.

295. — Petite vasque en porphyre rouge, monture de style Louis XVI en bronze doré.

296. — Trois manches de couteaux en porphyre.

297. — Mosaïque de marbre, cadre en bronze mouluré et doré.

298. — Cinq socles en porphyre.

299. — Un socle de style Louis XVI en marbre de forme ronde orné de bronzes dorés.

300. — Un coffret de style Louis XIV orné de plaques en matières dures et bronzes ciselés.

301. — Médaillon bas-relief en marbre sculpté, enfants vendangeurs, cadre en bois sculpté et laqué.

302. — Deux petits médaillons en marbre blanc.

303. — Deux mortiers en bronze Renaissance.

304. — Grand mortier en marbre.

305. — Deux piédestaux Louis XVI en marbre, ornés de bronzes ciselés et dorés.

306. — Deux colonnes supports, fûts en marbre bleu turquin, chapiteaux et bases en marbre blanc.

307. — Deux fûts de colonnes en marbre blanc.

308. — Petite coupe en porphyre, monture en bronze doré.

309. — Un mortier en porphyre.

310. — Un lot d'objets en porphyre.

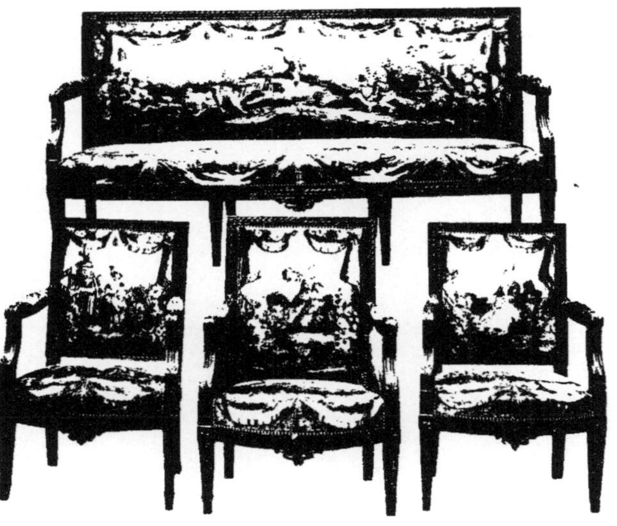

Phototypie Berthaud, Paris.

MEUBLES ANCIENS ET MODERNES

311. — Une vitrine de l'époque Louis XIII, en marqueterie reposant sur quatre pieds à griffes.

312. — Une table Louis XIII à quatre pieds tors et entrejambe en noyer.

313. — Petite table en noyer, pieds tournés, époque Louis XIII.

314. — Table Louis XIII à pieds tors et entrejambe en noyer sculpté.

315. — Une petite vitrine Louis XIII en bois mouluré.

316. — Meuble cabinet de l'époque Louis XIII en ébène incrusté d'or.

317. — Petite table Louis XIII à pieds tors.

318. — Deux tables analogues de l'époque Louis XIII.

319. — Petite table support de l'époque Louis XIII, en marqueterie de bois, d'écaille et ivoire.

320. — Une table à thé Louis XIV en bois sculpté.

321. — Table à ouvrage en marqueterie de bois satiné, époque Louis XV. Dessus de marbre blanc.

322. — Commode Louis XV à trois tiroirs, marqueterie à fleurs; garnie de bronzes dorés. Dessus de marbre.

323. — Une commode Louis XV à deux tiroirs en marqueterie de bois de couleurs, appliques en bronze doré. Dessus de marbre.

324. — Deux encoignures ouvrant à une porte, de l'époque Louis XV, en laque rehaussée d'or; entrées de serrures, chutes, sabots en bronze doré. Dessus de marbre.

325. — Une table poudreuse de l'époque Louis XV en marqueterie de bois de rose et violette, à damiers encadrés de grecques. Entrées de serrures et sabots en bronze doré.

326. — Bureau cylindre de l'époque Louis XV en marqueterie à damiers en bois de couleur. Au centre de l'abattant un médaillon en marqueterie représentant un paysage. Entrées de serrures, sabots en bronze doré.

327. — Un lit de repos Louis XV en bois sculpté et doré. Il est garni d'une tapisserie à trois médaillons, fable de La Fontaine, enguirlandé de fleurs sur fond jaune; les deux accotoirs sont formés de deux médaillons en tapisserie.

328. — Lit de repos, en incrustation de nacre, travail oriental.

329. — Une table à jeu de style Louis XV en bois doré, dessus en peluche.

330. — Grande glace contournée en bois sculpté et doré, bordure à palmes, fleurs et rocailles.

331. — Secrétaire de l'époque Louis XVI en marqueterie de bois de couleur orné de chutes, entrées de serrures, anneaux et sabots en bronze ciselé et doré, dessus de marbre.

332. — Secrétaire Louis XVI en bois satiné à filets. Dessus de marbre blanc.

333. — Commode de l'époque Louis XVI en marqueterie de bois de rose à coins arrondis, garniture de bronze doré. Dessus de marbre.

334. — Petite commode demi-lune Louis XVI en acajou, ornée de bronzes, dessus de marbre.

335. — Petite commode Louis XVI à deux tiroirs en marqueterie ornée de bronzes ciselés et dorés, dessus de marbre.

336. — Commode Louis XVI en acajou à trois tiroirs, poignées de cuivre et dessus de marbre.

337. — Bureau Louis XVI en acajou, galerie et dessus de marbre.

338. — Bureau plat en acajou Louis XVI à trois tiroirs, dessus en maroquin.

339. — Petite table-bureau Louis XVI en marqueterie de bois de couleur à damiers.

340. — Une table-toilette de l'époque Louis XVI en marqueterie à fleurs de bois de couleur, sur fond en bois de rose. Elle est ornée de deux poignées et de quatre sabots en bronze.

341. — Petite table-toilette Louis XVI en marqueterie de bois.

342. — Table de nuit Louis XVI en acajou de forme ovale avec tablette d'entrejambe, garnie de cuivres ciselés et dorés, galerie, et dessus de marbre blanc.

343. — Une jardinière en acajou à trois pieds et entrejambe de l'époque Louis XVI.

344. — Guéridon trépied en acajou. Époque Louis XVI. Dessus de marbre et galerie.

345. — Console Louis XVI en acajou ornée de bronzes, dessus de marbre blanc.

346. — Petite console Louis XVI en acajou ornée de baguettes et filets de cuivre, galerie et dessus de marbre blanc.

347. — Deux consoles formant jardinières Louis XVI en bois sculpté et doré.

348. — Guéridon à trépied en bronze ciselé et doré de style Louis XVI.

349. — Table de nuit en acajou.

350. — Une table formant vitrine plate de style Louis XVI en acajou et filets de cuivre.

351. — Petit bureau *bonheur du jour* de style Louis XVI en marqueterie de bois de couleur, richement orné de bronzes ciselés et dorés, dessus de marbre blanc.

352. — Cartonnier de style Louis XVI en acajou et filets de cuivre.

353. — Bureau plat de style Louis XVI en bois de placage orné de bronzes ciselés et dorés, dessus de velours.

354. — Petit secrétaire chiffonnier genre Louis XVI en bois de placage richement orné de bronzes.

355. — Guéridon de style Louis XVI à quatre pieds cannelés en acajou orné de bronzes ciselés et dorés, dessus en porphyre.

356. — Secrétaire époque Empire en acajou, abattant et accotoirs à têtes de femmes, pieds à griffes de lion. Dessus de marbre.

357. — Une commode Empire en acajou à trois tiroirs, accotements à têtes de femmes et pieds griffes de lion. Anneaux et entrées de serrures en bronze doré. Dessus de marbre.

358. — Petit chiffonnier époque Empire en acajou garni de bronzes dorés. Dessus de marbre.

359. — Console de l'époque Empire en acajou, supportée par deux cariatides têtes de femmes; les pieds à griffes de lion. Dessus de marbre.

360. — Une commode Empire en noyer à trois tiroirs. Dessus de marbre.

361. — Chiffonnier Empire en acajou, orné de bronzes.

362. — Petite table à volet, en palissandre, de l'époque Empire, avec applications de bronze formant griffes sur les pieds.

363. — Une table-toilette Empire en acajou, avec glace, dessus de marbre et bronzes.

364. — Un lit Empire en noyer avec applications de bronze doré, ciel de lit et rideaux en andrinople et sommier.

365. — Un lit Empire en noyer avec applications en bronze doré.

366. — Une console en acajou à colonnes, époque de la Restauration.

367. — Petit cabinet médaillier en marqueterie de bois de couleur orné de bronzes dorés.

368. — Table de nuit en bois sculpté et peint.

369. — Une table-console en bois.

370. — Une commode en palissandre.

371. — Table-bureau en bois noirci.

SIÈGES

372. — Meuble de Salon se composant d'*un canapé* et de *huit fauteuils* en bois sculpté de l'époque Louis XIV ; garnis de soies différentes.

373. — Fauteuil Louis XIV en bois sculpté garni de cuir de Cordoue.

374. — Un fauteuil Régence, bois sculpté, garni de soie bleue.

375. — Un fauteuil Louis XV en bois sculpté, canné

376. — Fauteuil Louis XV à haut dossier en bois sculpté, garni de velours.

377. — Un fauteuil Louis XV en bois sculpté garni en velours.

379. — Quatre petits fauteuils Louis XV en bois sculpté garnis de soie ancienne.

380. — Grand canapé Louis XV en bois sculpté et peint blanc, recouvert de soie ancienne.

381. — Un grand canapé et deux petits fauteuils de l'époque Louis XV en bois sculpté, garnis de soie fond jaune.

382. — Deux petits fauteuils Louis XVI en bois sculpté garnis de soie.

383. — Bergère Louis XVI avec son coussin en bois sculpté et peint recouvert en damas.

384. — Fauteuil de bureau en bois sculpté, canné.

385. — Quatre chaises Empire en marqueterie, garnies de velours frappé.

386. — Un fauteuil Empire en acajou, accotoirs à têtes de lion en bronze doré.

387. — Une bergère en acajou de l'époque Empire, accotoirs à têtes de lion et appliques en bronze doré, garnie de velours frappé.

388. — Trois fauteuils et deux chaises en acajou de l'époque Empire à têtes de Sphinx en bronze doré, recouverts en velours frappé.

389. — Trois chaises en acajou de l'époque de la Restauration.

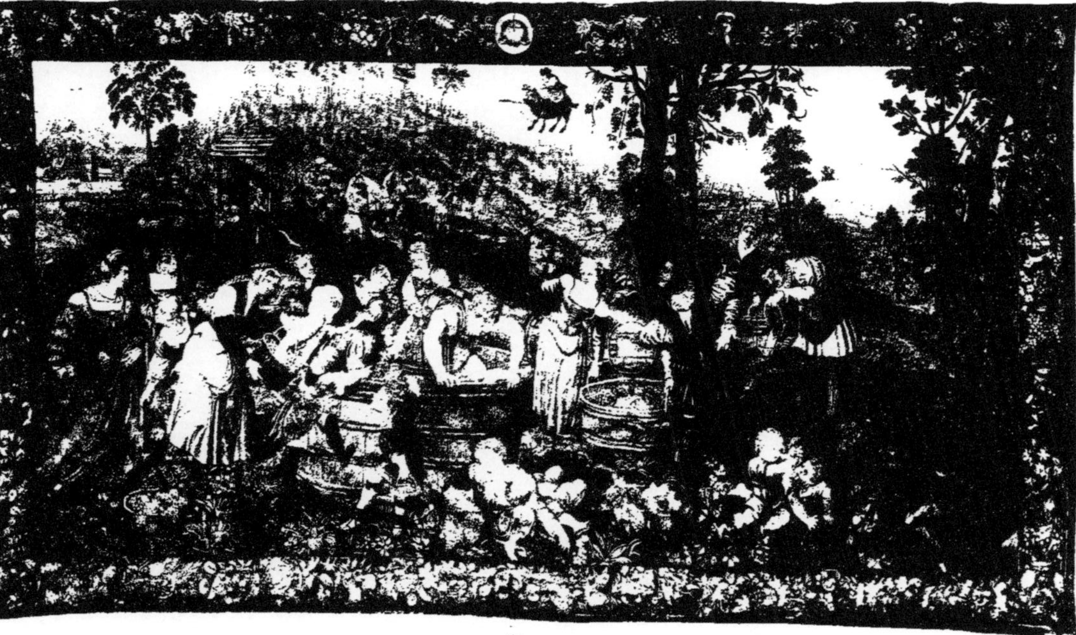

Phototypie Berthaud, Paris

101

SIÈGES EN TAPISSERIE

390. — Un écran garni d'une tapisserie Louis XV à sujet de fleurs et volatiles.

391. — Un écran en bois sculpté, de style Louis XVI, feuille en tapisserie d'Aubusson, à oiseaux.

392. — Deux fauteuils à haut dossier, en bois sculpté, de l'époque de Louis XIV, garnis de tapisserie au point, sujets de fleurs, animaux et personnages.

393. — Douze fauteuils en bois tourné et sculpté : ils sont garnis de tapisserie au point, à sujets de fleurs, oiseaux et personnages.

394. — Fauteuil époque Louis XV recouvert en tapisserie d'Aubusson, personnages et animaux.

395. — Un grand fauteuil bas de l'époque Louis XV en bois sculpté. Il est recouvert de tapisserie à médaillons, fables de La Fontaine, enguirlandés de fleurs sur fond jaune.

395 *bis*. — Six chaises en bois sculpté de style Louis XV garnies de tapisserie ancienne, à fleurs et fruits du temps de Louis XIV.

396. — Lit de repos, époque de la Régence, en bois sculpté et peint. Dessus de lit en lampas, bandeau en tapisserie.

397. — Deux fauteuils Louis XV recouverts de tapisserie d'Aubusson, sujets à médaillons, personnages et animaux.

398. — Six fauteuils époque Louis XV garnis en tapisserie d'Aubusson, à sujets d'après Le Prince.

399. — Meuble de salon de l'époque Louis XV composé d'*un canapé* et *dix fauteuils* en ancienne tapisserie à figures sur les dossiers, et animaux sur les sièges, bois sculptés et dorés.

400. — Meuble de salon composé de *deux grandes bergères, six fauteuils* et *un écran* en bois sculpté et doré garni de tapisserie ancienne à sujets des contes de La Fontaine.

401. — Ameublement de salon en tapisserie d'Aubusson de l'époque Louis XVI composé d'*un canapé, une bergère,* et *six fauteuils* à sujets d'animaux et enfants, d'après Huet ; encadrements à lambrequins fleuris. Les tapisseries sont montées sur des bois sculptés et cirés.

Longueur du canapé : 1m,90.

402. — Meuble de salon de l'époque Louis XVI composé d'*un canapé, six fauteuils* garnis en tapisserie d'Aubusson à fleurs et rinceaux, bois dorés.

403. — Quatre fauteuils en tapisserie ancienne, oiseaux et fleurs sur fond bleu, bois sculpté et doré.

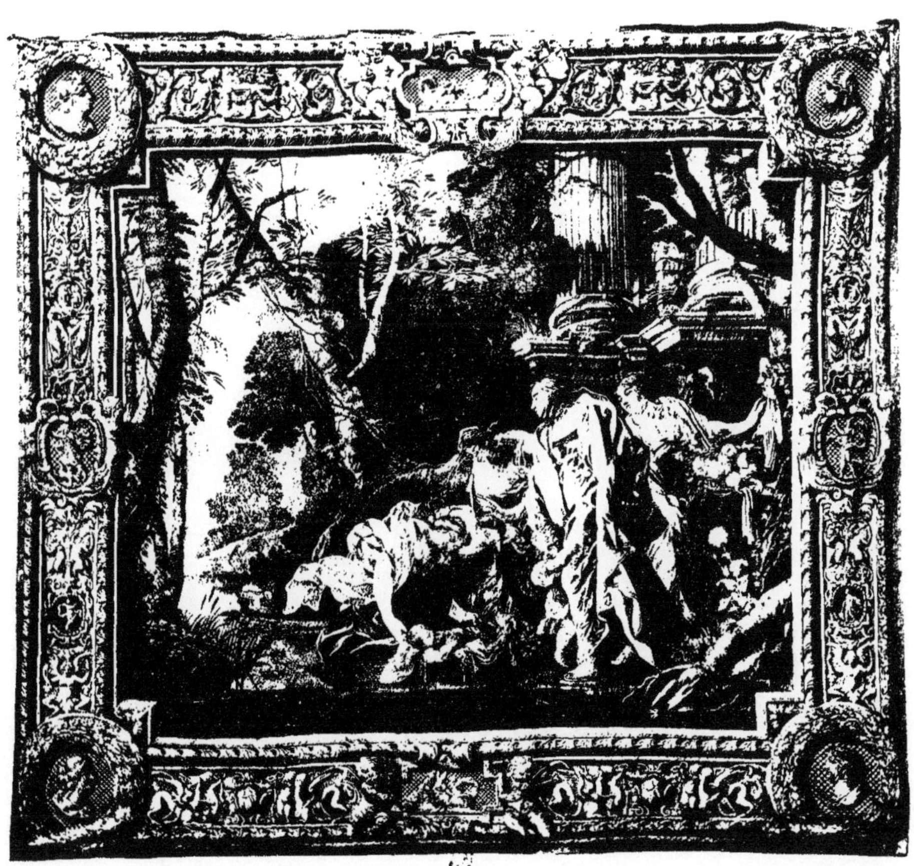

105

Phototypie Berthaud, Paris

TAPISSERIES

404. — **Grande tapisserie rectangulaire de la série des Mois de Lucas. Les *Vendanges*.**

Très belle composition avec de nombreuses figures sur un fond de paysage. Riche bordure de fruits enguirlandés de fleurs, avec le mot *September* barrant un écusson renfermant le signe correspondant du Zodiaque.

Tapisserie exécutée à la manufacture des Gobelins au XVIIe siècle, d'après le carton attribué à *Lucas de Leyde*. Superbe état de conservation.

Haut. : 3^m,40. — Long. : 6 m.

405. — **Série de quatre tapisseries à sujets tirés de l'*Ancien Testament*. Riches bordures à arabesques et médaillons.**

Flandre, XVIIe siècle. Bel état de conservation.

Haut. : 3^m,65 ; Long. : 4^m,70 ; 3^m,65 × 3^m,40 ; 3^m,65 × 2^m,30 ; 3^m,65 × 3^m,75.

406. — **Une tapisserie représentant le *Jugement de Salomon*, de la même série que les précédentes avec bordure semblable.**

Flandre XVIIe siècle.

Haut. : 3^m,65 ; Long. : 4^m,40.

407. — **Série de trois tapisseries à sujets tirés de l'*histoire d'Arune*. Belles et riches bordures à guirlandes et paniers de fleurs.**

Flandre XVIIe siècle.

Belle conservation.

Haut. : 3^m,25 ; Long. : 3 m. ; 3^m,25 × 3 m. ; 3^m,25 × 4^m,75.

408. — Fragment d'encadrement de tapisserie, représentant des enfants au milieu de guirlandes de fruits et de fleurs ; en partie tissé d'or.

Tapisserie de Bruxelles XVIIe siècle.
Bel état de conservation.

409. — Portière, fragment de tapisserie verdure de Flandre.

410. — Fragment de tapisserie au point. Composition de six personnages représentant une apparition (XVIe siècle).

411. — Tapisserie au point du XVIIe siècle, représentant un sujet de l'histoire d'Ulysse. Bordure armoriée et décorée de fleurs.

411 *bis*. — Tableau en tapisserie du XVIIe siècle. — *Sainte Cécile*.

411 *ter*. — Tableau en tapisserie du XVIIe siècle. *Hérodiade*.

412. — Deux cantonnières en tapisserie d'Aubusson, fond bleu.

412 *bis*. — Bandeau en tapisserie de Flandre. Guirlandes de fleurs et cartouche (XVIIe siècle).

Long. environ 4 mètres.

413. — Paire de portières en peluche verte garnies de trois écussons en tapisserie ancienne.

414. — Une portière en peluche verte, encadrement à bordure de tapisserie ancienne.

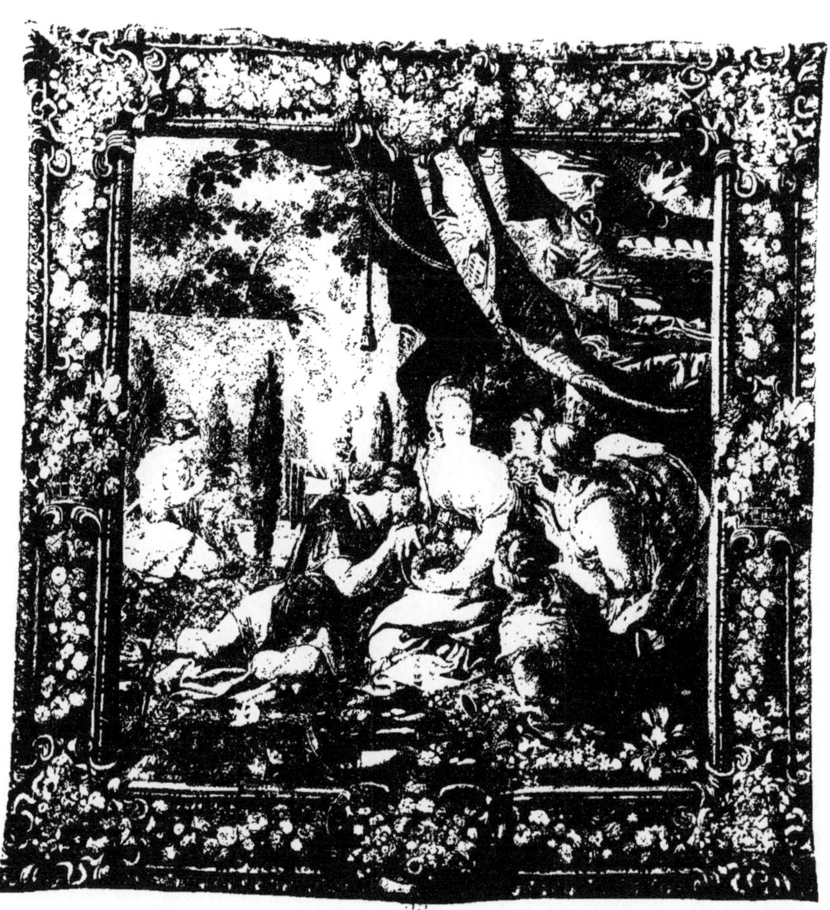

107

Phototypie Berthaud, Paris

ÉTOFFES, TAPIS, RIDEAUX

415. — Une chasuble et deux dalmatiques en velours rouge avec applications de broderie d'or et d'argent du XVIIe siècle.

416. — Deux bandeaux en velours rouge avec applications de broderie du XVIIe siècle.

417. — Bandeau avec applications d'armoiries dorées.

418. — Ciel de lit en soie brodée.

419. — Un bandeau de cheminée en satin brodé.

420. — Un dessus de cheminée en satin bleu clair brodé.

421. — Tapis de table en broderie orientale, sur fond de drap.

422. — Couvre-lit en satin jaune portugais, broderie indienne à oiseaux.

423. — Dessus de table en soie, époque Louis XVI.

424. — Dessus de piano en satin brodé.

425. — Trois coussins brodés.

426. — Tapis de table en satin brodé, travail portugais.

427. — Veste de toréador brodée d'or et d'argent.

428. — Six rideaux et bandeaux en brocatelle soie bleue.

429. — Huit rideaux en damas à grands ramages rouges sur fond vieil or.

430. — Deux rideaux en brocatelle verte.

431. — Deux paires de rideaux en brocatelle verte et or.

432. — Paire de rideaux en damas vert et soierie à décor de fleurs.

433. — Un lot de rideaux de velours rouge, jaune, et drap bleu.

434 à 437. — Quatre grands tapis de Smyrne.

438. — Grand tapis Smyrne.

439. — Grand tapis d'Aubusson moderne. $5^{m}.20 \times 3^{m},70$.

440. — Carpette orientale. $2^{m}.40 \times 1^{m}.20$.

441. — Grand tapis en moquette rouge.

442. — Lot d'objets divers.

IMPRIMÉ

PAR

PHILIPPE RENOUARD

19, Rue des Saints-Pères

PARIS

www.ingramcontent.com/pod-product-compliance
Ingram Content Group UK Ltd.
Pitfield, Milton Keynes, MK11 3LW, UK
UKHW020432180726
13839UKWH00003B/1460

9 782329 520957